Suppé, Franz v

Die Afrikareise - operette in 3 Acten

Suppé, Franz von

Die Afrikareise - operette in 3 Acten

Inktank publishing, 2018

www.inktank-publishing.com

ISBN/EAN: 9783750111271

Die Afrikareise.

OPERETTE IN 3 ACTEN

von

M. WEST UND RICHARD GENÉE.

MUSIK VON

FRANZ VON SUPPÉ.

Clavierauszug mit Text

M. 12.
Fl. 6. 30.   netto.

Clavierauszug ohne Text

M. 4. 50.
Fl. 2. 70.   netto.

London, Ent. Stat. Hall.

Eigenthum des Verlegers.   Mit Vorbehalt aller Arrangements.

Verlag von Aug. Cranz in Hamburg.

Wien, C.A.Spina. (Alwin Cranz.)   Brüssel, A.Cranz.

deposé.

Preludio.

№ 1 (a) Introduction.

6

Backschisch ru_fen al_le wir, ja, Backschisch da, Backschisch dort immer_fort, ein
Ba_xis chiaman tut_ti lii, si, Ba_xis qui, Ba_xis lii, che bel suon, u_

schö_ nes Wort, kling, kling, kling, Backschisch, Backschisch, lernt Je_der
mi_ co suon, tlin, tlin, tlin, Ba_xis, Ba_xis, capisce uo_

schnell verstehn Backschisch, Backschisch, wo man mag gehn u_stehn,Backschisch vorn und
cheun bambin, Ba_xis, Ba_xis, si grida o_vunque alfin, Ba_xis so_pra,

8

Backschisch hinten üb'rall er_tönt Backschisch, Je_der erkennt Backschisch mord_e_le_ment
Ba_xis sot_to, si gri_de_rò Ba_xis, si chia_me_rà Ba_xis, s'a_do_re_rò

Backschisch ist ein schö_nes Wort! Backschisch ist die Hauptsach hier, Backschisch ru_fen al_le
Ba_xis, quell' a_mi_co suon, Ba_xis gri_dan tut_ti qua, Ba_xis chiaman tut_ti

Perikles (höhnend)

Backschisch,
Ba_xis

wir, Backschisch da, Backschisch dort tönt es immerfort und fort._____
là, Ba_xis qua Ba_xis là, è pur bello in re_vi_tà.

ist die Hauptsach hier Backschisch ru_fen al_le wir Backschisch da Backschisch dort tönt es
gri_dan tut_ti qua, Ba_ris chiaman tut_ti là Ba_ris quà, Ba_ris là, è pur

nur ich ler_ne dir, uns_re Landes_sit_ten hier, pum_pen da, pum_pen dort, das ver_
spet_ tanspettiami pò, ri_ ver io t'in_se_gue_ rò, spetta un pò, spetta un pò, truf_ fa_

ist die Hauptsach hier Backschisch ru_fen al_le wir Backschisch da Backschisch dort tönt es
gri_dan tut_ti qua, Ba_ris chiaman tutti là Ba_ris quà, Ba_ris là, è pur

immer fort und fort!
bello in re_ci_ tà!

(geschrien)

ge_he dir so fort!
tor ti penti_ rai!

Der Lump!
Briccon!

immer fort und fort!
bello in re_ci_ tà!

Attacca N° 1 (4)

Nº 1. (b) Touristen Lied.

18

18

C. 25875.

20

Nicht nur bei den Völkern Af-ri-kas werd' ich ge-nannt, selbst auch in der
Non del po-pol so-lo io ri pos-so rac-con-tar, ma per-sin da

Thierwelt bin ich rings her-um be-kannt, al-le mich be-grüssen, ob auf zwei, ob auf vier
bel-ev io mi fe-ri ri-a-mar, mi sa-lu-tan tut-ti ed i bel-ti ed i

Füssen, Casuar, Strauss und Pa-pa-gei-en fan-gen freu-dig an zu schrein. An-ti-lo-pen
brut-ti, or-si, lu-pi e tr-o-ni, tut-ti sen-to gin-bi-lar. E tr-ti-gri

wenn sie mich von wei-ten kommen sehn, blei-ben gleich mit ehrfurchts-vol-len Nicken vor mir
stes-se se mi re-don da lon-tau cor-ro-no giu-li-re e mi ba-cia-no la

stehn. Lö-wen kenn ge-wöhnlich so wie Ti-ger ich per-sön-lich, grüss' sie im var-ü-ber-
nam, i so-ma-ri poi li co-no-sco co-me roi, li sa-lu-to nel pas-

Nº1.(c) Erscheinen Muezzins.

C. 25875.

ist die Hauptsach hier, Backschisch ru_fen al_le wir, Backschisch da, Backschisch dort, tönt es
gri_dan tut_ti qua, Ba_xis chiaman tutti lù, Ba_xis qua, Ba_xis lù, è pur

ist die Hauptsach hier, Backschisch ru_fen al_le wir, Backschisch da, Backschisch dort, tönt es
gri_dan tut_ti qua, Ba_xis chiaman tutti lù, Ba_xis qua, Ba_xis lù, è pur

im_mer fort und fort!
bello in re_ri_tà!

im_mer fort und fort!
bello in re_ri_tà!

N° 2. Entrée des Prinzen.

Nº 3. Entreé der Titania.

№ 3½. Antarsid's Abgang.

Nº 4. Quartett.

56

58

64

Nº 5. Terzett.

C. 25875.

Die Ta_ra_bu_ka lasst sie lu_stig schwin_gen, und der Ke_men_geh Sai_ten
La Ta_ra_bu_ka già so_uo_ra ci_bru, ed il Ke_men_geh scuote

lasst er_klin_gen, Der_wisch Flöten auch da_bei, bla_sen hell die Me_lo_dei!
chiun_que fi_bra! Me_lo_di_a splendi_da anche il flau_to vi da_rà!

la la   la la   das stimmet rings im Kranz   la la   la la
la la   la la   bolliamo in vir_vo_lò,   la la   la la

C. 25875.

C. 25873.

C. 25875.

jubeln, lustig sein, denn das Bei ramfest bricht an Tarabu ka schlage kräf tig, den vorbei ist
ni al_le_gri su giun_to è il Be_i_ram, Tarabu ka,bat_ti for te è passato

jubeln, lustig sein, denn das Bei ramfest bricht an Tarabu ka schlage kräf tig, den vorbei ist
ni al_le_gri su giun_to è il Be_i_ram, Tarabu ka,bat_ti for te è passato

jubeln, lustig sein, denn das Bei ramfest bricht an Tarabu ka schlage kräf tig, den vorbei ist
ni al_le_gri su giun_to è il Be_i_ram, Tarabu ka,bat_ti for te è passato

Ra_ma_dan Hur_ rah!
già il Ra_ma_dan.

Ra_ma_dan Hur_ rah!
già il Ra_ma_dan.

Ra_ma_dan Hur_rah!
già il Ra_ma_dan.

(Alles.) (Tromp.) (Alles.) (Tromp.) (Alles.)

II. ACT.

Allegretto. M.M. ♩ = 58.

Nº 7. (a) Entreact.

104

C. 25875.

106

106

25875.

C. 25875.

№ 8. Lied.

Moderato. M.M. ♩ = 92.

Tessa.

Mein Herr! Sie sind sehr
Man denkt in sol_chen
Codesta e se_ria
Jo cre_do che si

Piano.

p
(Flöte.)
(Clar.)

pp
(Streichq.)

gü_tig, ich leg' auf Ih_ren An_trag Werth, bin gar nicht ü_ber_
Din_gen hier sehr ge_müth_lich schei_net mir! Die Men_ge muss es
ro_so, ri rog_lio so_praun pö pen_sar; non son_no or_go_
pen_si con mol_ta pra_ti_ca da roi; non sie_te almen me_

(Flöte.Clar.)
(Streichq.)

mü_thig, ich füh_le mich so_gar ge_ehrt! Doch ha_ben Sie der
brin_gen, so lau_tet die Pa_ro_le hier! Dass man in Ei_ner
glio_sa, La deb_bo an_zi rin_gra_ziar! Ma Lei ho donne in
len_si pur trop_po co_me son da noi! Dar_rer foe_ver_to

(Alles.)
(Streichq.)
(Flöte.)
(Clar.)

f:
pp

Frau_en mehr be_reits in Ih_rem Haus, ist be_kannt! und ich ge_steh dass
sucht sein Heil, wie's sonst Eu_ro_pa macht, lä_cher_lich! Wird auch bei uns als
quan_ti_tä, non è poi un mis_ter! no_to l'è! e a_me per dir la
per mia fè o_gnun ra_gion ri dä! L'Eu_ro_pa stes_sa.

(Oboe.)
(Clar.)
(Alles.)
(Streichq.)

f:
pp

115

ich sag' nicht nein, ich sag' nicht ja, ich sag' nicht nein,
non di_co no, *non di_co si,* *non di_co no,*

ich sag' nicht ja; a_ber, re_den Sie mit der Ma_ma,
non di_co si; *pu_re,* *por_li pri_ma con mam_ma!*

re_den Sie mit der Ma_ma!
par_li pri_ma con mam_ma!

Nº 8 ¼. Abgang der Buccanetta.

Moderato. M.M. ♩ = 92.

Buccanetta.

Sie hör_ten es von Tes_sa, ja! re_den Sie mit der Ma_
*In_te_se or du Tes_sa giá! Par_li pri_ma con mam_*

Piano.

ma, re_den Sie mit der Ma_ma!
ma, *par_li pri_ma con ma_ma!*

C. 25825.

116

№ 9. Blumen-Duettino.

Das Veil_chen die Nar_zis_se, der duf_ten_de Jas_min, die Nel_ke, die Cy_
Gia_ro_fa_ni, nar_ri_si linguag_gio hansingo_lar, be_go_nie, fior da_

pres_se, sie al_le ha_ben Sinn. Ich bie_te dir, ja dir, von Al_len, die
li_si, si tut_ti san par_lar! Ed og_gi a te, per og_gi in_tan_to un

Ro_se die dich sticht! Sie sagt:Willst du mich pflü_cken so scheu die Dornen
fio_re rö do_nar! L'voi co_glie_re la ro_sa le spi_na non cu_

nicht, sie sagt:willst du mich pflü_cken so scheu die Dor_nen nicht.
rar! cuoi co_glie_re la ro_sa, le spi_na non cu_rac!

Antarsid.

Die Ro_se soll nicht schrecken,den Sinn er_
Il fio_re da te rol_to mi cuole in

Nº 10. Ensemble.

125

№ 11. Couplet.

Miradillo.

Piano.

Allegretto. M.M. ♩ = 84.

mf

Ger — ne geh' ich sonst zum Stell-dich — ein, a — ber sehr ver-däch-tig scheint mir dies zu
Wenn man bei uns übt Wohl-thä — tig — keit, ist auch ein Ba — zar so-gleich da-zu be-
Wenn ein Di — plo-mat auf Rei-sen geht, li — ber sei — ne Plä — ne hin und her man
Il du — el — lo è la mia pas-sion so — lo non mi pia — ce per u — na ra-
Il si — ste — ma di be — ne-fi — ciar è da noi pian-ta — un am — pio ba-
Se un uom di sta — to in riaggio en, tut — ti stan pen-so — si pie — ni d'an-sie-

p (Streichq., Flöte.)   (Clar.)   (Fag.)

sein. Wenn ich kom-me gibt es ein Du — ell, und mir schiesst der Gat — te Lö — cher in das
reit; da ver-kau-fen Da-men Al — ler-lei, Da-men vom The — a — ter hat man gern da-
räth, a — berbleibt er ru — hig hübsch zu Haus, legt man ihm auch das als sei — ne Ab-
gion; rischio c'ha di far — si sbu — del-tar, e co — te — sto cer — to è un brut-o af-
car; son mer — ciaie di — me d'ogni e — tà, don-ne di te — a — tro al lor' fian — co
tà, e se ra per casa in — ne gli — gi — tà, an — che quan mo — ti o cer — to es-ser

(Flöte.)

Fell! O die Wei — ber ma — chen sich nichts draus, ob man Schlä — ge kriegt für
bei! Kürz-lich trat ich dort an sol — chen Stand, zu 'nen Fräu — lein hold und
aus! Ein Re — por — ter fragt bei ihm wohl an, ob was Neu — es in der
c'ha! Che te don — ne non si cu — ra — no se bas-to — nan ei — ben
dè! Mi di — ces-si dau — na l'e — ne — re di sor — ri si splen — di-
dè! Un re — por — ter che sa — pe — re vuol se arrem pace in ar — re-

(Holz.)   *tr*

pp (Streichq.)

№ 12. Duett und Terzett.

128

№ 13. Finale.

C. 25875.

C. 25875.

III. ACT.

№ 14. Entreeact, Chor und Romanze.

160

Nº 15. Terzett.

172

C. 25375.

174

C. 25875.

№ 16. Beduinen - Entrée.

C. 25875.

Nº 17. Finale.